Dietrich Bonhoeffer

Jeder neue Morgen ist ein neuer Anfang

Gebete

Herausgegeben von
Manfred Weber

Gütersloher Verlagshaus

Dietrich Bonhoeffer

Gedanken über das Beten

Das rechte Gebet
ist nicht ein Werk,
eine Übung,
eine fromme Haltung,
sondern es ist die Bitte des Kindes
zum Herzen des Vaters.
Darum ist das Gebet niemals demonstrativ,
weder vor Gott,
noch vor uns selbst,
noch vor anderen.
Das Gebet
kann niemals eine Beschwörung Gottes sein,
wir brauchen
uns vor ihm nicht mehr darzustellen.
Wir dürfen wissen,
daß er weiß,
was wir bedürfen,
ehe wir darum bitten.

Wir schweigen
am frühen Morgen des Tages,
weil Gott das erste Wort haben soll.
Und wir schweigen
vor dem Schlafengehen,
weil Gott auch das letzte Wort gehört.

Schweigen heißt nicht stumm sein,
wie Wort nicht Gerede heißt.
Stummsein schafft nicht Einsamkeit
und Gerede schafft nicht Gemeinschaft.

Es ist nicht nötig,
daß wir in der Meditation bemüht sind,
in Worten zu denken und zu beten.
Das schweigende Denken und Beten,
das nur aus dem Hören kommt,
kann oftmals förderlicher sein.

Unser Christsein
wird heute nur in zweierlei bestehen:
im Beten und im Tun des Gerechten
unter den Menschen.
Alles Denken, Reden und Organisieren
in den Dingen des Christentums
muß neugeboren werden
aus diesem Beten und diesem Tun.

Es gibt aber kaum
ein beglückenderes Gefühl
als zu spüren,
daß man für andere Menschen
etwas sein kann.
Dabei kommt es garnicht auf die Zahl,
sondern auf die Intensität an.
Schließlich sind
eben die menschlichen Beziehungen
doch einfach das Wichtigste im Leben;
daran kann auch
der moderne »Leistungsmensch«
nichts ändern.

Das Reden von menschlichen Grenzen
ist mir fragwürdig geworden.
Es scheint mir immer,
wir wollten dadurch nur
ängstlich Raum aussparen für Gott; –
ich möchte von Gott nicht an den Grenzen,
sondern in der Mitte,
nicht in den Schwächen,
sondern in der Kraft,
nicht also bei Tod und Schuld,
sondern im Leben und im Guten
des Menschen sprechen.
An den Grenzen scheint es mir besser,
zu schweigen
und das Unlösbare ungelöst zu lassen.

Das Ach unserer Wünsche
und das Ach des Gebetes ist zweierlei;
jenes kommt aus unserer Not,
wie wir sie selbst verstehen,
dieses aus unserer Not,
wie sie uns Gott zu sehen gelehrt hat;
jenes ist anspruchsvoll oder verzweifelt,
dieses ist demütig und zuversichtlich.

Ein Mensch,
der betet,
kann nicht mehr Angst haben
und nicht mehr traurig sein.
Im Gebet ist Christus,
ist Gott uns nahe.

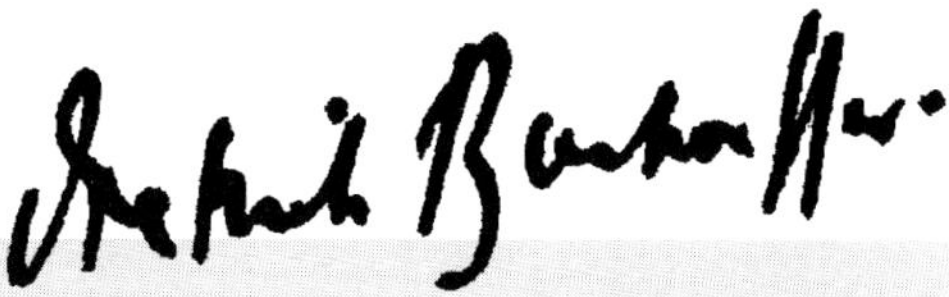

Glauben

Es gibt Zeiten,
in denen uns alles Wirkliche
so rätselhaft ist
und so bedrängt,
daß uns jedes direkte Wort
das Geheimnis Gottes zu zerstören scheint,
daß wir nur noch andeutend
von letzten Dingen sprechen
und sprechen hören wollen.
Alles, was wir über unseren Glauben
zu sagen vermögen,
scheint dann so matt und leer
gegenüber dem Wirklichen,
das wir erleben
und hinter dem wir
ein unaussprechliches Geheimnis glauben.

Ich glaube,
daß Gott aus allem,
auch aus dem Bösesten,
Gutes entstehen lassen kann und will.
Dafür braucht er Menschen,
die sich alle Dinge
zum Besten dienen lassen.
Ich glaube,
daß Gott uns in jeder Notlage
soviel Widerstandskraft geben will,
wie wir brauchen.
Aber er gibt sie nicht im voraus,
damit wir uns nicht auf uns selbst,
sondern allein auf ihn verlassen.
In solchem Glauben
müßte alle Angst vor der Zukunft
überwunden sein.
Ich glaube,
daß auch unsere Fehler und Irrtümer
nicht vergeblich sind,
und daß es Gott nicht schwerer ist,
mit ihnen fertig zu werden,
als mit unseren vermeintlichen Guttaten.
Ich glaube,
daß Gott kein zeitloses Fatum ist,
sondern daß er auf aufrichtige Gebete
und verantwortliche Taten
wartet und antwortet.

Herr,
laß uns nicht mit leeren Worten
und frommen Sprüchen umgehen,
sondern zeige uns,
daß Liebe
besser ist als Wortemachen,
und Gehorsam
besser ist als Argumente.
Wir sind immer wieder
auf der Flucht vor Deinem Gebot
mit Worten
und allerlei frommen Sprüchen.
Halte uns fest,
nimm uns gefangen,
zwing uns unter Dein Wort,
das heute gilt,
laß uns heute tun,
was wir heute tun können
und laß es uns tun im Glauben.

Herr,
unser Glaube und unsre Hoffnung
ist so schwach.
Wir wagen es nicht,
unser Leben ganz
auf deine Verheißung zu setzen.
Wir zweifeln an deiner Macht.
Herr,
vergib dem Zweifler
und dem Hoffnungslosen
und gib uns deine Verheißung neu.

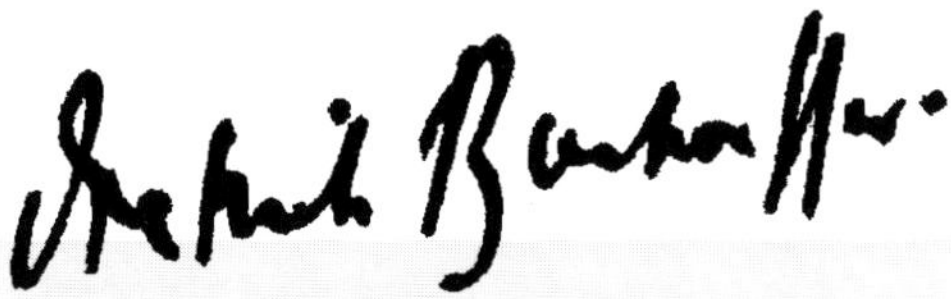

In besonderer Not

Herr Gott,
großes Elend ist über mich gekommen.
Meine Sorgen wollen mich erdrücken,
ich weiß nicht ein noch aus.
Gott, sei gnädig und hilf.
Gib Kraft zu tragen, was du schickst,
laß die Furcht
nicht über mich herrschen.
Sorge du väterlich für die Meinen,
besonders für Frau und Kinder,
schütze sie mit deiner starken Hand
vor allem Übel und vor aller Gefahr.
Barmherziger Gott,
vergib mir alles, was ich an dir
und an Menschen gesündigt habe.
Ich traue deiner Gnade
und gebe mein Leben ganz in deine Hand.
Mach du mit mir, wie es dir gefällt
und wie es gut für mich ist.
Ob ich lebe oder sterbe,
ich bin bei dir und du bist bei mir,
mein Gott.
Herr,
ich warte auf dein Heil
und auf dein Reich.

Menschen gehen zu Gott in ihrer Not,
flehen um Hilfe, bitten um Glück
und Brot
um Errettung aus Krankheit, Schuld
und Tod.
So tun sie alle, alle, Christen und Heiden.

Menschen gehen zu Gott in Seiner Not,
finden ihn arm, geschmäht, ohne Obdach
und Brot,
sehn ihn verschlungen von Sünde,
Schwachheit und Tod.
Christen stehen bei Gott in Seinen Leiden.

Gott geht zu allen Menschen in ihrer Not,
sättigt den Leib und die Seele
mit Seinem Brot,
stirbt für Christen und Heiden
den Kreuzestod,
und vergibt ihnen beiden.

Herr Gott,
sieh doch auf deine Welt.
Hunger und Durst,
keine Heimat, keine Arbeit,
Tränen und Verzweiflung;
Gott,
sind das die Kinder
deiner Barmherzigkeit?
Ist das die Welt,
die du geschaffen hast?
Ach,
wir müssen furchtbar fern von dir sein,
daß deine Geschöpfe so leiden müssen.
Wir sind bald am Ende.
Wir glauben nichts mehr
und wir hoffen nichts mehr.
Nun komm du,
o Gott,
und brich all dies Elend,
all den Jammer,
verbirg uns doch nicht die Verheißung,
daß du einen neuen Himmel
und eine neue Erde schaffen willst.
Daß du die Armen und Elenden,
Bekümmerten und Leidtragenden
in dein Reich geladen hast.
Gott,
mach uns wieder froh.

Gott,
wo bist du?
Gott,
wer bist du?
Gott,
wer bin ich?
Mein Leben zerfällt,
stürzt ins Bodenlose,
Gott,
mir wird angst.
Wo bleibt deine Güte?
Jedoch, du bist mein Gott
und deine Güte ist besser,
denn mein Leben.

Ich bin allein.
Da ist keiner,
dem ich mein Herz ausschütten kann.
So tue ich es vor mir selbst
und vor dem Gott,
zu dem ich schreie.
Es ist gut,
sein Herz auszuschütten
in der Einsamkeit
und den Kummer
nicht in sich hineinzufressen.

Herr, mein Gott,
sei mir ein fester Grund,
auf den ich
in dieser und jener Zeit bauen kann.

Herr Gott,
erwecke in meiner Seele
das große Verlangen nach dir.
Du kennst mich und ich kenne dich.
Hilf mir, dich suchen und finden.
Herr Jesus,
wenn ich angefochten bin,
weil ich Gott und seine Macht
und Liebe nicht sehen kann
in dieser Welt,
so laß mich fest auf dich blicken,
denn du bist mein Herr und mein Gott.

Gott Heiliger Geist,
schenke mir Menschen,
mit denen ich im Glauben und Gebet
Gemeinschaft habe,
mit denen ich alles tragen kann,
was mir auferlegt ist.
Dreieiniger Gott,
mache mein Herz fest
und gründe es allein auf dich
und auf deine Hilfe.
Dann ist mir geholfen
und ich will dir danken.

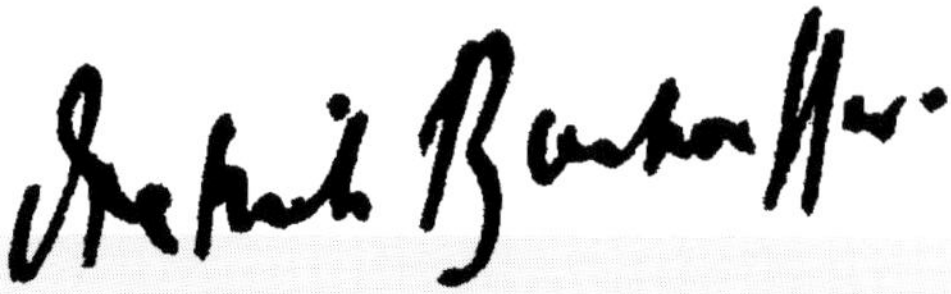

Danken

Ich danke Gott,
weil ich seine Forderungen kenne
und sie lernen will,
aber ich danke ihm als einer,
der eben noch ganz im Lernen steht,
dem es gemessen an den Forderungen
der Gerechtigkeit Gottes
noch an allem fehlt.

Nur wer für das Geringe dankt,
empfängt auch das Große.
Wir hindern Gott
uns die großen geistlichen Gaben,
die er für uns bereit hat,
zu schenken,
weil wir für die täglichen Gaben
nicht danken.

Die Kraft der Erinnerungen
kommt aber immer wieder
aus der Kraft der Dankbarkeit.
Vor allem darf man sich nie
vom Augenblick auffressen lassen,
sondern muß die Ruhe
der großen Gedanken in sich bewahren
und nach ihnen alles messen.
Daß das die wenigsten Menschen können
ist es,
was man an den Menschen
am schwersten erträgt.
Nicht die Bosheit,
sondern die Schwäche der Menschen ist das,
was die Menschenwürde
am tiefsten entstellt und herabzieht.

Dankbarkeit
macht das Leben erst reich.
Man überschätzt wohl leicht
das eigene Wirken und Tun
in seiner Wichtigkeit gegenüber dem,
was man nur durch andere geworden ist.

Dankbarkeit
entspringt nicht
aus dem eigenen Vermögen
des menschlichen Herzens,
sondern nur aus dem Worte Gottes.
Dankbarkeit
muß darum gelernt und geübt werden.

Dankbarkeit
sucht über der Gabe den Geber.
Sie entsteht an der Liebe,
die sie empfängt.

Dankbarkeit
ist demütig genug,
sich etwas schenken zu lassen.
Der Stolze nimmt nur,
was ihm zukommt.
Er weigert sich,
ein Geschenk zu empfangen.
Dem Dankbaren wird alles zum Geschenk,
weil er weiß, daß es für ihn
überhaupt kein verdientes Gut gibt.

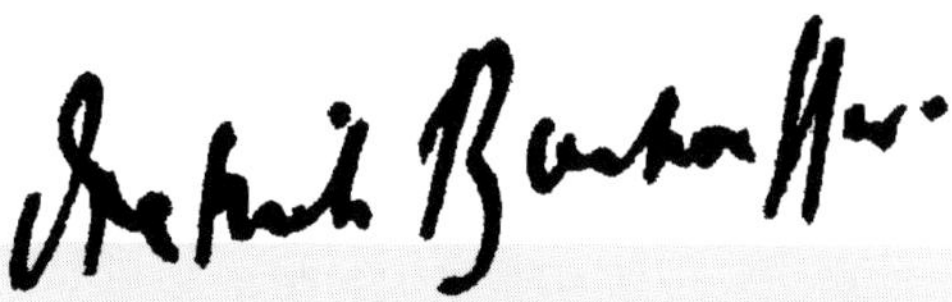

Morgen und Abend

Vom ersten Aufwachen
bis zum Einschlafen
müssen wir den anderen Menschen
ganz und gar Gott befehlen
und ihm überlassen,
und aus unseren Sorgen um den Andren
Gebete für ihn werden lassen.

Jeder neue Morgen
ist ein neuer Anfang unsers Lebens.
Jeder Tag ist ein abgeschlossenes Ganzes.
Der heutige Tag
ist die Grenze unsers Sorgens und Mühens.
Er ist lang genug,
um Gott zu finden oder zu verlieren,
um Glauben zu halten.
Darum schuf Gott Tag und Nacht,
damit wir nicht
im Grenzenlosen wanderten,
sondern am Morgen
schon das Ziel des Abends vor uns sähen.

Gott,
zu dir rufe ich am frühen Morgen
Hilf mir beten
und meine Gedanken sammeln;
Ich kann es nicht allein.

In mir ist es finster,
aber bei dir ist Licht
ich bin einsam,
aber du verläßt mich nicht
ich bin kleinmütig,
aber bei dir ist die Hilfe
ich bin unruhig,
aber bei dir ist Frieden
in mir ist Bitterkeit,
aber bei dir ist Geduld
ich verstehe deine Wege nicht,
aber du weißt den rechten Weg für mich.

Vater im Himmel,
Lob und Dank sei dir,
für die Ruhe der Nacht
Lob und Dank sei dir
für den neuen Tag
Lob und Dank sei dir
für alle deine Güte und Treue
in meinem vergangenen Leben.
Du hast mir viel Gutes erwiesen,
laß mich nun auch das Schwere
aus deiner Hand hinnehmen.
Du wirst mir nicht mehr auferlegen,
als ich tragen kann.
Du läßt deinen Kindern
alle Dinge zum besten dienen.

Herr mein Gott,
ich danke dir,
daß du diesen Tag zu Ende gebracht hast,
ich danke dir,
daß du Leib und Seele zur Ruhe kommen läßt.
Deine Hand war über mir
und hat mich behütet und bewahrt.
Vergib allen Kleinglauben
und alles Unrecht dieses Tages
und hilf, daß ich gern denen vergebe,
die mir Unrecht getan haben.
Laß mich in Frieden
unter deinem Schutze schlafen
und bewahre mich
vor den Anfechtungen der Finsternis.
Ich befehle dir die Meinen,
ich befehle dir dieses Haus,
ich befehle dir meinen Leib und meine Seele
Gott, dein heiliger Name sei gelobt.

Vergangenes kehrt dir zurück
als deines Lebens lebendigstes Stück
durch Dank und durch Reue.
Faß' im Vergangenen
Gottes Vergebung und Güte,
bete,
daß Gott dich heut' und morgen behüte.

Ja und Amen

Alles,
was wir mit Recht von Gott erwarten,
erbitten dürfen,
ist in Jesus Christus zu finden.
Was ein Gott,
so wie wir uns ihn denken,
alles tun müßte und könnte,
damit hat der Gott Jesu Christi nichts zu tun.
Wir müssen uns immer wieder
sehr lange und sehr ruhig
in das Leben,
Sprechen,
Handeln,
Leiden und Sterben Jesu versenken,
um zu erkennen,
was Gott verheißt
und was er erfüllt.

Gewiß ist,
daß wir immer in der Nähe
und unter der Gegenwart Gottes
leben dürfen
und daß dieses Leben
für uns ein ganz neues Leben ist.
Gewiß ist,
daß wir nichts zu beanspruchen haben
und doch alles erbitten dürfen;
gewiß ist,
daß im Leiden unsre Freude,
im Sterben unser Leben
verborgen ist;
gewiß ist,
daß wir in dem allen
in einer Gemeinschaft stehen,
die uns trägt.
Zu all dem hat Gott
in Jesus Ja und Amen gesagt.
Dieses Ja und Amen
ist der feste Boden
auf dem wir stehen.

Gott,
du hast es mit mir angefangen.
Du hast mir nachgestellt,
hast mich nicht loslassen wollen,
bist mir immer wieder hier und dort
plötzlich in den Weg getreten,
hast mich verlockt und betört,
hast mir mein Herz gefügt
und willig gemacht,
hast zu mir geredet
von deiner Sehnsucht
und ewigen Liebe,
von deiner Treue und Stärke;
als ich Kraft suchte,
stärktest du mich,
als ich Halt suchte,
hieltest du mich,
als ich Vergebung suchte,
vergabst du mir die Schuld.
Ich hatte nicht gewollt,
aber du überwandest meinen Willen,
meinen Widerstand, mein Herz.
Herr,
du hast mich überredet
und ich habe mich überreden lassen.
Du bist mir zu stark geworden
und hast gewonnen.

Von guten Mächten treu und still
umgeben
behütet und getröstet wunderbar, –
so will ich diese Tage mit euch leben
und mit euch gehen in ein neues Jahr;

noch will das alte unsre Herzen quälen
noch drückt uns böser Tage schwere Last,
Ach Herr, gib unsern aufgeschreckten Seelen
das Heil, für das Du uns geschaffen hast.

Und reichst Du uns den schweren Kelch,
den bittern,
des Leids, gefüllt bis an den höchsten Rand,
so nehmen wir ihn dankbar ohne Zittern
aus Deiner guten und geliebten Hand.

Doch willst Du uns noch einmal Freude
schenken
an dieser Welt und ihrer Sonne Glanz,
dann woll'n wir des Vergangenen gedenken,
und dann gehört Dir unser Leben ganz.

Laß warm und hell die Kerzen heute
flammen
die Du in unsre Dunkelheit gebracht,
führ, wenn es sein kann, wieder uns
zusammen!
Wir wissen es, Dein Licht scheint
in der Nacht.

Wenn sich die Stille nun tief um uns breitet
so laß uns hören jenen vollen Klang
der Welt, die unsichtbar sich um uns weitet,
all Deiner Kinder hohen Lobgesang.

Von guten Mächten wunderbar geborgen
erwarten wir getrost, was kommen mag.
Gott ist bei uns am Abend und am Morgen,
und ganz gewiß an jedem neuen Tag.

Quellen- und Bildnachweis:

Alle Zitate sind aus Dietrich Bonhoeffer Werke (DBW) entnommen. Sie sind im Chr. Kaiser/Gütersloher Verlagshaus erschienen. Die Zitate folgen der Rechtschreibung und Zeichensetzung Dietrich Bonhoeffers.

Zitate auf der Seite 3: DBW 4. Nachfolge. Hrsg. v. Martin Kuske und Ilse Tödt. 2. Aufl. 1994. Seite 158.

Zitate auf den Seiten 4, 26: DBW 5. Gemeinsames Leben. Das Gebetbuch der Bibel. Hrsg. v. Gerhard L. Müller und Albrecht Schönherr. 2. Aufl. 2001. Seiten 68, 67, 71, 25.

Zitate auf den Seiten 6, 7, 8, 12, 17, 18, 27, 28, 35, 37, 38, 39, 40, 43, 44, 46 u. 47: DBW 8. Widerstand und Ergebung. Briefe und Aufzeichnungen aus der Haft. Hrsg. v. Christian Gremmels, Eberhard und Renate Bethge in Zusammenarbeit mit Ilse Tödt. 1998. Seiten 435f., 567, 407f., 30f., 208, 515f., 563, 158, 256, 204f., 207, 471, 572, 573, 607f.

Zitate auf den Seiten 9, 15, 19: DBW 10. Barcelona, Berlin, Amerika 1928–31. Hrsg. v. Reinhart Staats und Hans Chr. von Hase in Zusammenarbeit mit Holger Roggelin und Matthias Wünsche. 1991. Seiten 573, 522, 522.

Zitate auf der Seite 20: DBW 11. Ökumene, Universität, Pfarramt 1931–32. Hrsg. v. Eberhard Amelung und Christoph Strohm. 1994. Seite 337.

Zitate auf den Seiten 14, 45: DBW 13. London 1933–35. Hrsg. v. Hans Goedeking, Martin Heimbucher und Hans-Walther Schleicher. 1994. Seiten 420f., 347.

Zitate auf den Seiten 22, 23, 36: DBW 14. Illegale Theologenausbildung Finkenwalde 1935–37. Hrsg. v. Otto Dudzus, Jürgen Henkys u.a. 1996. Seiten 854 u. 858, 853f. u. 855f., 871.

Zitate auf den Seiten 9, 25: DBW 15. Illegale Theologenausbildung: Sammelvikariate 1937–40. Hrsg. v. Dirk Schulz. 1998. Seiten 510, 514.

Zitate auf den Seiten 11, 30, 31, 32: DBW 16. Konspiration und Haft 1940–45. Hrsg. v. Jürgen Glenthøj, Ulrich Kabitz, Wolf Krötke. 1996. Seite 194f., 490, 491, 491.

Bildnachweis

Titelbild: Erich Tomm
Seite 5, 33: Jürgen Vogt
Seite 13: Paul Kleff
Seite 21: Gerald Schwabe
Seit 29: Ruth Eisele
Seite 41: Reinhard Kemmether

Bibliografische Information der Deutschen Nationalbibliothek
Die Deutsche Nationalbibliothek verzeichnet diese Publikation in der Deutschen Nationalbibliografie; detaillierte bibliografische Daten sind im Internet über https://portal.dnb.de abrufbar.

7. Auflage, 2014

Umschlaggestaltung: Init GmbH, Bielefeld
Reproduktion: Scanlight, Marienfeld
Satz: Fotosetzerei Steggemann, Herford
Druck und Einband: Těšínská tiskárna, a.s., Český Těšín
Printed in Czech Republic
ISBN 978-3-579-06168-9

www.gtvh.de